# THÉOPHILE KOUAMOUO

# J'ACCUSE OUATTARA

Le Gri-Gri

# J'ACCUSE OUATTARA

Pourquoi la place de cet
homme est devant un juge

Le Gri-Gri

# Du même auteur

*La France que je combats* (2006)
*La recolonisation de l'Afrique, le cas de la Côte d'Ivoire* (2007)

*« Le Seigneur se rit du méchant,
car Il voit que Son jour arrive »*
Psaumes 37


À Nadine, Michaëlla, Ashlyn, Noah,
Gaëlle, Estelle, Suzy,
Hervé, Jocelin, Audrick
Puits de réconfort dans l'épreuve

# Introduction

Ce livre est né d'une indignation.

Indignation d'un journaliste, indignation d'un citoyen. Indignation d'un homme qui a fait de l'information sur la Côte d'Ivoire sa spécialité. Et qui ne cesse de se rendre compte de la puissance de la machination qui, hier comme aujourd'hui, tente d'imposer comme un fait historique un mensonge fondamental.

Alors que la déstabilisation armée de la Côte d'Ivoire a démarré moins de six mois après son départ du Fonds monétaire international et son entrée officielle dans l'arène politique ivoirienne, Alassane Ouattara n'aurait aucune responsabilité politique ou judiciaire dans un drame ivoirien qui a occasionné bien plus que les 3 000 morts officiels de la guerre postélectorale.

Mon indignation s'est nourrie de colères successives, en général alimentées par des articles de presse non seulement factuellement mensongers, mais moralement odieux. Ou par des rapports d'organisations de défense des droits de l'homme tendancieux, dont certains passages relevaient plus de la fiction accusatrice que d'une recension sourcilleuse des faits.

Ce livre ne se donne pas pour objectif de recenser tous ces coups portés à la vérité depuis que la vie politique ivoirienne s'est colorée de rouge sang.

Une bible entière ne suffirait pas à les énumérer.

L'objectif premier de ce festival du mensonge et de l'omission est de garantir à Alassane Ouattara une impunité de première classe.

Et c'est contre cette impunité que ce petit ouvrage va en guerre.

L'honneur perdu de
Human Rights Watch

Je prends le lecteur à témoin juste sur deux exemples récents et caricaturaux. Le premier est tiré d'un rapport daté du 6 octobre 2011 de Human Rights Watch (HRW), organisation financée en grande partie par le milliardaire américain George Soros, réputé avoir mis la main à la poche dans le cadre de la campagne électorale d'Alassane Ouattara.

Un rapport qui veut justifier à l'avance la comparution devant la Cour pénale internationale (CPI) de Laurent Gbagbo, chef politique des Forces de défense et de sécurité (FDS), armée officielle de Côte d'Ivoire soupçonnée d'avoir commis des crimes de guerre.

Et, dans le même temps, l'absence de poursuites contre Alassane Ouattara, chef politique des Forces républicaines de Côte d'Ivoire (FRCI), soupçonnées d'avoir commis des crimes contre l'humanité – et les plus graves massacres de l'histoire du pays, à Duékoué, dans l'Ouest.

Un rapport qui, pour arriver au but que lui assignent ses auteurs, invente des propos d'une part et précipite des conclusions d'autre part. *« Avec la montée des tensions post-électorales, les invectives de Laurent Gbagbo redoublent, comparant les supporters d'Alassane Ouattara à des « rats d'égouts » ou à des « oiseaux abattus », et exhortant ses partisans à ériger des barrages routiers et à « dénoncer tout étranger », appel immédiatement suivi d'attaques ciblées d'une violence épouvantable »*, écrivent ses auteurs.

Contrairement à la méthodologie d'usage de l'ONG,

ces prétendues invectives ne sont pas référencées par une notification en bas de page destinée à les « sourcer ». Et pour cause : ces propos sont introuvables. On a beau chercher, on ne les retrouve nulle part. Aucun média ne les a relevés. Personne ne les a archivés. Ils n'ont pas été enregistrés.

C'est normal.

Ils n'ont jamais été tenus.

Ces propos sont tout simplement imaginaires.

Vous avez bien lu.

Imaginaires.

HRW fabrique donc des « preuves » visant à créer un lien direct entre Gbagbo et les éventuels dérapages de ses forces armées.

HRW invente des incitations au crime. Et s'empresse dans le même temps de bâtir une muraille de protection autour de Ouattara en écrivant : « *Le Commando invisible, s'il comptait des militants pro-Ouattara, n'affichait aucune chaîne de commande claire avec le gouvernement Ouattara. Celui qui apparaissait être à la tête du Commando invisible, connu sous le nom d'IB Coulibaly, était un ex-commandant supérieur des Forces nouvelles qui s'était violemment opposé à Guillaume Soro sur le contrôle du groupe rebelle en 2003. Cette lutte intestine aboutira à la mort d'IB Coulibaly, tué par les Forces républicaines de Guillaume Soro le 27 avril 2011* ».

Dans un entretien publié par *Jeune Afrique* dans son édition du 9 au 16 avril 2011, Ibrahim Coulibaly invoquait pourtant des contacts réguliers avec Alassane et Dominique Ouattara.

Lors d'une cérémonie organisée à Abidjan le 13 octobre 2011, une semaine jour pour jour après la sortie du fameux rapport, le ministre des Mines et de l'Energie d'Alassane Ouattara, Adama Tounkara, s'adressait à l'actuel chef de l'Etat ivoirien.

*« M. le président de la République, nous remercions votre vaillant collaborateur, ce fin tacticien et grand stratège militaire qui a conçu le commando invisible et luttait contre la dictature de l'ancien régime pendant que nous étions au Golf Hôtel. Je veux parler du Premier ministre, M. Soro Guillaume ».*

En une phrase, un ministre de Ouattara dynamite le bunker judiciaire concocté par HRW... pour Ouattara. Même si l'on peut considérer que les propos ministériels relèvent de la fanfaronnade et de la récupération politicienne, ils incitent au moins à la prudence. Quelle est donc la nature des enquêtes qui ont poussé l'organisation à innocenter de manière aussi légère un camp politique qui se glorifie pourtant de ses « exploits » ?

Honte.

Discrédit.

Indignation.

Un article répugnant
du quotidien *Libération*

Le second exemple que je veux citer ici est un article publié le 14 janvier 2012 par le quotidien parisien *Libération*, propriété du milliardaire Edouard de Rothschild. Un article qui diabolise Simone Gbagbo et animalise les soutiens de Ouattara, pour mieux imposer ce dernier dans l'esprit du lecteur comme une sorte de saint laïc, venu apporter la civilisation occidentale aux Nègres barbares.

Le titre de l'article, signé de la journaliste Maria Malagardis ? *« Côte d'Ivoire : valse avec les démons »*.

*« Au plus fort de la guerre civile ivoirienne, la « sorcière » Simone Gbagbo, ex-première dame, a incarné les croyances occultes et les superstitions omniprésentes dans le pays »*, écrit *Libération*. Qui réussit à démontrer par l'exemple qu'on peut transformer un galimatias de rumeurs partisanes voire inventées pour les besoins de la cause en des faits intangibles.

L'article nous dit que les Ivoiriens – mais quels Ivoiriens ? – *« soupçonnaient »* Simone Gbagbo d'être *« derrière toutes les dérives criminelles du régime »*. Qu'un fonctionnaire de l'ONU *« chuchote »* qu'on *« raconte »* que ses tresses *« étaient nouées avec les nerfs d'un enfant sacrifié au Bénin »*, ce qui permet au passage de justifier les tortures dont elle a été victime à l'intérieur même de l'hôtel du Golf, présidence provisoire de Ouattara.

Au terme de l'évocation complaisante de ces bruits de caniveau invérifiables, la journaliste passe du conditionnel vicieux à l'affirmation péremptoire.

Gbagbo et sa femme « *avaient* » recours aux prières autant qu'aux sortilèges. L'affaire des enfants béninois sacrifiés serait donc, sinon vraie, du moins probable !

Maria Malagardis poursuit dans le même registre : « *Au carrefour Saint-Jean du quartier résidentiel de Cocody, le monument, au centre du rond-point, a été déboulonné. Ce n'est pas le seul que les forces rebelles se sont empressées de détruire en prenant la ville. A Abidjan, tout le monde en connaît la raison : érigées à l'époque de Gbagbo, ces statues étaient supposées dissimuler des sortilèges. En ôtant le socle, on y aurait découvert les corps entassés d'albinos et de femmes enceintes, sacrifiés pour des pratiques d'envoûtement. Mais qui a vu les cadavres ? « Nous n'avons jamais fait d'enquêtes sur ces cas »,* confirme maître Yacoubou Doumbia, un avocat qui dirige le Mouvement ivoirien des droits de l'homme (MIDH) »*.

Bien entendu, l'absence d'enquêtes permettra de laisser flotter le remugle de la calomnie...

L'article explique que Félix Houphouët-Boigny, le premier président ivoirien, consultait les marabouts malgré sa foi catholique, relaie une rumeur selon laquelle Guillame Soro « *fréquente beaucoup les féticheurs* ».

Et jette le masque, en apothéose. « *Reste l'exception : Alassane Ouattara. Le nouveau président a été malgré lui la cause de quinze ans de crises, déclen-*

*chées par ses adversaires successifs pour l'empê-
cher d'accéder au pouvoir. Musulman apparemment
peu pratiquant, cet ancien haut fonctionnaire international serait resté imperméable aux croyances
occultes. (...) Une nouvelle ère commence. Ouattara, le « président blanc », comme l'appellent ses
adversaires, va-t-il incarner une nouvelle phase de
modernisation à l'occidentale ? ».*

On croit rêver.

Nous n'imiterons pas Maria Malagardis en recen-
sant les innombrables rumeurs sur les pratiques
ésotériques supposées de Ouattara et de son épouse
Dominique, qui prolifèrent pourtant sur Internet et
dans les milieux hostiles à l'ancien directeur général
adjoint du Fonds monétaire international.

Nous relèverons juste l'affirmation selon laquelle
Ouattara a été « *malgré lui* » au centre des soubre-
sauts ivoiriens, « *déclenchés* » par ses adversaires
successifs.

Cette affirmation est fausse.

Alassane Ouattara a été l'un des artificiers qui ont
dégoupillé la grenade de la crise identitaire en Côte
d'Ivoire. Il est sans aucun doute le premier d'entre
eux.

Alassane Ouattara et ses plus proches collaborateurs ont été, selon toute évidence, des acteurs directs du bain de sang qui a maculé la Côte d'Ivoire.
Des indices difficiles à contester démontrent qu'ils

ont déclenché toutes les crises militaires qui ont endeuillé le pays qu'ils ont, au final, conquis.

Ces indices, nombreux et divers, laissent à penser, plus sérieusement que les fictions de Human Rights Watch et de *Libération*, qu'ils ont appuyé, en toute connaissance des risques auxquels ils exposaient le pays, la totalité des aventures meurtrières qui se sont déclenchées à chaque fois que les joutes politiques classiques les donnaient perdants.

La place d'Alassane Ouattara n'est pas dans un palais présidentiel mais face à un juge devant lequel il devrait s'expliquer sur les lourdes zones d'ombre qui parsèment sa carrière politique.

Ce petit livre entend le prouver.

Ce petit livre veut briser l'incroyable omerta qui entoure cet homme.

Ce petit livre est un acte d'accusation citoyen.

# Ouattara, un artificier de l'ingénierie tribale

Il est généralement admis que le poison de la division ethnique a été introduit en Côte d'Ivoire avec la notion d'ivoirité, conçue par des intellectuels proches d'Henri Konan Bédié, le successeur de Félix Houphouët-Boigny, « père de la Nation ivoirienne » dont Alassane Ouattara fut le Premier ministre quand il était au soir de sa vie.

Présenté officiellement le 26 août 1995, le concept d'ivoirité, caricaturé comme un ethnocentrisme fascisant destiné à exclure les « Nordistes musulmans » de l'exercice du pouvoir et à leur dénier la nationalité ivoirienne, aurait été par la suite « récupéré » par Robert Guei, qui a renversé Bédié le 24 décembre 1999 à la faveur d'un coup d'Etat, et par Laurent Gbagbo, élu président de la République en octobre 2000.

Rien dans le corpus idéologique de l'ivoirité – notion qui n'a jamais été revendiquée par un homme politique en dehors de Bédié – ne permet d'accréditer la thèse selon laquelle elle serait une sorte de fascisme tropical, même si dans sa périphérie, des dérives verbales ultranationalistes ont pu être déplorées.

Une chose est sûre : avant l'ivoirité, était la Charte du Nord, un brûlot ethnocentriste datant de 1991, période où la bataille de succession à Félix Houphouët-Boigny se met en place.

Cette Charte éclaire d'une lumière crue une stratégie de conquête du pouvoir fondée dès le commencement sur l'exploitation des oppositions tribales pouvant aller jusqu'à la guerre civile.

Cette stratégie, c'est celle d'Alassane Ouattara.

La Charte du Nord est un texte anonyme, d'abord popularisé sous forme de tract, puis diffusé dans des journaux. Ce texte surgit alors que Ouattara vise le fauteuil présidentiel au même titre qu'Henri Konan Bédié, qui a pour lui d'être le dauphin constitutionnel du « Père de la Nation », alors que Ouattara a, de son côté, un handicap certain.

Avant d'aller étudier aux Etats-Unis, il a fait ses études primaires et secondaires au Burkina Faso, pays d'origine de son père, pays dont il a été fonctionnaire. En 1991, alors qu'il commence à songer sérieusement au pouvoir suprême, il n'a vécu que deux années de sa vie d'adulte dans une Côte d'Ivoire qu'il connaît mal. Et une polémique à bas bruit a commencé à se développer sur sa nationalité.

La Charte du Nord vient à sa rescousse.

*« La charte nordique de ses fils aux 4 coins de la Côte d'Ivoire, de ses fils au terroir. Intellectuels, analphabètes, responsables, cadres, militaires, ouvriers, commerçants, par notre voix, le Grand nord bat le rappel et le rassemblement pour un Grand nord uni, fort, crédible, partenaire à part entière, arbitre des situations futures au sein d'un ensemble ivoirien rénové, équitable, cohérent »* a pour but d'aider *(le Premier Ministre Alassane Ouattara)* à mener à bien sa mission dont le succès débouche forcément sur

*la voie de la succession (d'Houphouët-Boigny). Ainsi, [...] le Grand Nord entend donc s'organiser en fonction de ses intérêts bien propres [...] car [...] jouer éternellement les seconds rôles n'a nullement rien d'honorable pour ses fils [...] La notion de successeur désigné, de dauphin, est désormais caduque, depuis l'avènement du multipartisme. Qu'Alassane réussisse sa mission et sorte la Côte d'Ivoire du marasme économique que connaît notre pays, il doit être tout indiqué comme celui devant assurer la succession et prendre le relais. Car il serait inconcevable qu'Alassane tire les marrons du feu et qu'un autre s'en régale. »*

Il faut remarquer que le premier texte de soutien à une éventuelle carrière politique de Ouattara tente de créer des ralliements autour de sa personne sur une base fondamentalement ethniciste.

Le PDCI-RDA, parti d'Houphouët-Boigny, s'était créé en revendiquant un combat contre les privilèges coloniaux.

Le FPI, parti de Laurent Gbagbo, avait choisi de se doter d'une base militante en agitant les concepts de démocratie et de socialisme.

Les soutiens politiques à Ouattara se structurent, quant à eux, au travers du thème sulfureux de la concurrence ethnique.

C'est dans cette mouvance que le chanteur de reggae Seydou Koné dit Alpha Blondy lance un appel en faveur de « *la République des peuples du Nord de la Côte d'Ivoire* », affirmant que « *nous ne voulons plus faire partie de la République de Côte d'Ivoire après Houphouët-Boigny* » et allant jusqu'à anticiper un conflit armé en Côte d'Ivoire.

« *Qui veut la paix prépare la guerre* », tonne-t-il.

Nous sommes en 1992.
Bédié n'est pas président, Gbagbo non plus.
L'ivoirité n'existe pas.

Dix ans plus tard, le 10 mars 2002, le même Alpha Blondy menace : « *Si Alassane Ouattara n'est pas candidat en 2005, la Côte d'Ivoire sera pire que le Rwanda* ».

Six mois plus tard, une rébellion armée conquiert le Nord et crée de facto la fameuse République dont Alpha Blondy avait tracé les contours.

L'intervention française a évité à la Côte d'Ivoire « *un génocide pire qu'au Rwanda* », dira, comme pour boucler la boucle, Alassane Ouattara au quotidien *Le Monde* dans une interview publiée le 25 janvier 2012...

Mais revenons au début des années 1990. Alors qu'un projet politique clairement ethnocentriste et belliqueux se cristallise sur sa personne, Alassane Ouattara est interrogé, en octobre 1992, sur la chaîne de télévision nationale ivoirienne, par un journaliste qui l'interroge sur la charte du Nord. Après un grand éclat de rire et un étrange développement sur  les frontières de la Côte d'Ivoire qui s'étendaient par le passé jusqu'à Bobo Dioulasso, au Burkina Faso, et qui demain pourraient déborder sur le Burkina, le Mali et le Ghana, Alassane Ouattara refuse de dénoncer la fameuse Charte du Nord.

*« Je ne sais pas s'il s'agit de la Charte du Grand Nord, mais j'ai vu un document en début d'année, concernant un soutien au gouverneur Ouattara pour le travail qu'il fait. Je ne sais pas si c'est ça que vous appelez la Charte du Nord. Je n'ai pas vu une Charte du Nord... »*, dit-il.

Au moment où ce texte sulfureux commence à être diffusé, certaines personnes accusent Lamine Diabaté, ancien ministre d'Etat, d'être l'un de ses initiateurs.

Après la mort de Félix Houphouët-Boigny et l'arrivée au pouvoir d'Henri Konan Bédié, cet homme est l'un des fondateurs du Rassemblement des républicains (RDR), mis en place pour servir l'ambition politique d'un Ouattara encore en fonction au FMI. Epoux d'Henriette Dagri Diabaté, qui deviendra secrétaire générale de ce parti, ce dernier est l'orateur d'un meeting qui se déroule à Odienné, sa ville d'origine, en 1995.

Après un début de discours convenu, prononcé en langue française, il demande à ses hôtes la permission de parler à ses « parents » en langue malinké. Et martèle aussitôt des propos inquiétants qui ne sont compris que par ceux qui pratiquent cette langue du Nord.

« *Le PDCI dit que nous sommes des peureux. Nos grands-pères n'ont pas eu peur de prendre cette région avec les fusils et la poudre. Nous ne voulons plus de ces gens parce que le PDCI nous manque de respect, nous méprise et ne nous considère pas. Ils nous ont traités comme des animaux.*

*Parce que nous votions pour Houphouët, ils nous ont pris pour des ignorants. Ils ont organisé une campagne de dénigrement : ils ont injurié Alassane, son père, sa mère et nous. Mais ils ne nous connaissent pas. Parce que c'est avec des fusils et des balles que nos grands-parents ont conquis cette terre.*

*Ils ne nous font pas peur. Ils ont dit que nous ne serions plus rien dans ce pays. Ensuite ils ont renvoyé 267 de nos cadres. Ils ne veulent plus entendre l'appel du muezzin de la mosquée pour la prière. Ils ne veulent pas de l'Islam et des musulmans. Ils envoient les militaires les frapper dans les mosquées. Si nous acceptons cela c'est que nous ne sommes pas des musulmans, si nous les suivons c'est que nous sommes des bâtards. Vous connaissez bien la chanson malienne qui dit : plutôt la mort que la honte. Ici chez nous nous disons : Mieux vaut mourir que d'avoir honte. Pouvons-nous accepter la honte ? Non !*

*Nous avons les mêmes armes qu'eux. Nous avons*

*aussi nos hommes dans l'armée. Nous ne voulons d'eux ni aujourd'hui, ni demain. Depuis que Houphouët est mort, nous n'avons connu que brimades, honte et humiliations ».*

Un projet d'affrontement armé s'exprime clairement.

Une instrumentalisation et une prise en otage de l'islam aussi.

L'assimilation du combat politique de Ouattara aux revendications particularistes des Nordistes et des musulmans se poursuit.

En 1998, le chanteur Alpha Blondy prophétise, dans une chanson de son album intitulé *Yitzak Rabin* : « *La démocratie banania finira par la guerre civile.* »

Le 9 octobre 1999, Alassane Ouattara affirme, lors d'une conférence de presse à l'hôtel Méridien Montparnasse : « *On brandit ma candidature comme un péril musulman. C'est honteux. Un musulman est-il inapte à diriger un Etat ?* »

Le 21 novembre 2004, Alassane Ouattara se livre, dans une interview à *Jeune Afrique L'Intelligent*, à une dangereuse extrapolation politique du phénomène ethnique qui permet de comprendre le type d'investissement symbolique qu'il opère depuis son entrée en politique.

« *Les Baoulé et les Agni représentent 35 % de la population, les Sénoufo et les Malinké 35 % également. Bédié et moi sommes donc l'émanation de 70 % des Ivoiriens* ».

Incroyable assignation à résidence politique !

L'exploitation du dolorisme nordique par Ouattara
ne va pas sans une dangereuse diabolisation des
ethnies des adversaires.

*« Laurent Gbagbo a pris toutes les armes et les
munitions. Il les a stockées dans son Palais présidentiel avec un clan de militaires recrutés essentiel-
lement parmi les gens de son ethnie et de sa région.
Ce sont eux qui font sa force »*, affirme-t-il le 13 janvier 2011, interviewé par Michel Denisot de Canal +
dans le cadre de l'émission « Le Grand Journal ».

Comment ne pas mettre en relation ces propos
irresponsables et dangereux pour la cohésion nationale et les épurations ethniques massives qui ont eu
lieu justement dans l'Ouest du pays, région de Laurent Gbagbo, après leur conquête par les FRCI, dont
Ouattara est le chef politique ?

Après le lamento, le revanchisme.

Désormais arrivé au pouvoir, Ouattara continue de
jouer sur la fibre ethnique. Interrogé par le quotidien français *Le Monde* sur son inquiétante propen-
sion aux nominations à base régionaliste, il répond
avec aplomb : *« Il s'agit d'un simple rattrapage. Sous
Gbagbo, les communautés du Nord, soit 40 % de la
population, étaient exclues des postes de responsabilité ».*

Bien entendu, cette affirmation est fausse. Mais il faut bien alimenter le chaudron tribal.

En dehors d'Alassane Ouattara, aucun homme politique ivoirien n'est allé aussi loin dans l'instrumentalisation de la haine ethnique à travers sa prise de parole publique.

Les médias français qui soutiennent Ouattara et qui ont, de 1999 à ce jour, diabolisé ses adversaires, seraient bien en peine de citer des propos de ce type qu'ils auraient prononcés.

C'est en désespoir de cause que Human Rights Watch s'est résolue à en fabriquer en ce qui concerne Laurent Gbagbo, comme nous l'avons expliqué plus haut dans ce livre.

MPCI = RDR

Ne l'oublions pas. Maria Malagardis, journaliste à *Libération*, a écrit, comme avant elle nombre de ses confrères, que toutes les crises dont Alassane Ouattara a été l'épicentre ont été « déclenchées » par ses adversaires.

Elle a menti.

Des indices, foisonnants, innombrables, laissent à penser de manière indubitable qu'Alassane Ouattara et ses hommes ont déclenché toutes les aventures militaires meurtrières qui ont fait de la Côte d'Ivoire un mouroir s'étalant sur 322 462 kilomètres carrés.

Il suffit juste qu'on les recherche, qu'on les assemble, qu'on les recoupe, pour s'en convaincre.

Il ne faut pas être un professionnel de l'enquête judiciaire pour se poser la fameuse question : « A qui profite le crime ? »

Le coup d'Etat du 24 décembre 1999 a principalement profité à Alassane Ouattara, qui a pu revenir en Côte d'Ivoire alors qu'il était en exil en France, visé par un mandat d'arrêt international lancé par Henri Konan Bédié.

La rébellion du 19 septembre 2002, lancée alors qu'aucune crise politique ne secouait la Côte d'Ivoire et que tous les partis travaillaient harmonieusement ensemble dans un gouvernement de « réconciliation », a profité à Alassane Ouattara, qui a pu obtenir la mise entre parenthèses d'une Constitution ne pouvant être modifiée que par référendum. Une Constitution qu'il avait appelé à voter alors qu'elle le rendait inéligible à tous les scrutins présidentiels.

Cette rébellion lui a profité parce que la sécession qu'elle induisait lui a offert le contrôle des esprits et des territoires sur plus de la moitié du sol ivoirien.

La guerre postélectorale a bien entendu profité à Ouattara, puisqu'elle lui a permis de prendre le pouvoir par les armes.

On peut toujours dire que ce n'est pas forcément parce qu'un crime profite à quelqu'un qu'il en est l'auteur. C'est vrai. Mais tout de même.

Quand un homme déclare publiquement qu'il va assassiner l'amant de sa femme et que le concerné finit par mourir assassiné, le mari cocu est, dans tous les pays du monde, le suspect numéro 1.

Le samedi 11 septembre 1999, Alassane Ouattara déclare, lors d'une réunion publique, en évoquant le régime de son adversaire Henri Konan Bédié : « *Nous frapperons ce pouvoir au bon moment et il tombera* ».

Le lundi 13 septembre 1999, le journal *Le Patriote*, propriété d'Hamed Bakayoko, dignitaire du parti de Ouattara et associé en affaires de son épouse, grave ses propos pour la postérité. Le 24 décembre 1999, Henri Konan Bédié est renversé.

Le 6 décembre 2001, réunissant les maires libéraux lors d'une cérémonie publique, il annonce très clairement un projet de changement de la nature du pouvoir en Côte d'Ivoire par la force. Des propos repris sans complexes par *Le Patriote* du lendemain.

*« Nous n'attendrons pas cinq ans pour aller aux élections. Après tout, dans certains pays, il y a des coups d'Etat et certains s'accommodent bien de ces personnes pendant une certaine période. (...) Pourquoi devrions-nous attendre cinq ans pour que vous ayiez ce à quoi vous avez droit et surtout ce que les populations réclament ? Nous avons certaines relations extérieures. Nous avons commencé à les actionner. »*

Le 19 septembre 2002, plus de trois ans avant le terme du mandat constitutionnel de Laurent Gbagbo, un coup d'Etat échoue et se transforme en une rébellion appuyée de... l'extérieur.

Quel enquêteur n'aurait pas directement tourné son regard en direction d'Alassane Ouattara après ce type de propos ?

Imaginons un seul instant qu'un extrémiste quelconque menace publiquement de faire exploser une bombe dans une station de métro à Paris et que, peu de temps après, une bombe explose dans une station de métro à Paris. Qui prétendra que cet homme n'est pas le suspect numéro un ?

La presse et les diplomates français se sont toujours indignés que Ouattara soit accusé d'être le cerveau des tentatives de déstabilisation subies par la Côte d'Ivoire jusqu'à ce qu'il parvienne à conquérir le fauteuil présidentiel.

Si un tueur à gages, qui a le profil absolu de l'exécutant – parce qu'il n'a pas, à lui seul, les moyens de s'acheter une arme ou parce qu'il ne tirerait aucun profit personnel à supprimer sa victime – est identifié suite à un meurtre, tout enquêteur normal s'interroge naturellement sur le commanditaire du crime. Il recherche ainsi, parmi ceux qui ont établi des relations avec le tueur, ceux qui ont des raisons de vouloir en finir avec la victime, tout en ayant les moyens d'acheter et l'arme du crime et les services de celui qui doit le commettre.

Les « coauteurs directs » de la rébellion armée qui a commencé le 19 septembre 2002, également impliqués dans le coup d'Etat réussi du 24 décembre 1999 et dans le coup d'Etat manqué de la nuit du 7 au 8 janvier 2001, sont connus.

La figure la plus emblématique de ce groupe d'hommes est le sergent Ibrahim Coulibaly, dit « IB ». Est-ce une erreur ou une autre ruse journalistique destinée à protéger Ouattara ? Dans un article qui a fait date, parce qu'il mettait fin à la fiction, entretenue par la presse française, de « mutins » de l'armée régulière n'ayant aucun agenda politique, et aussi parce qu'il prétendait dévoiler « le visage de la rébellion », le journaliste Stephen Smith, alors spécialiste Afrique du *Monde*, racontait que « IB » avait été « *homme-clé du putsch de Noël 1999, puis garde du corps d'Alassane Ouattara, avant de fuir le pays pour échapper à la vindicte du général Guei* ».

Ce n'est pas exactement cela.

« IB » a d'abord été garde du corps de l'épouse et

des enfants d'Alassane Ouattara, au début des années 1990, avant d'être la figure centrale du coup d'Etat de décembre 1999, du coup d'Etat manqué de janvier 2001, et de la rébellion de septembre 2002.

L'ordre des choses a son importance. « IB » est d'abord entré dans l'intimité du couple Ouattara, puis s'est transformé en putschiste récidiviste.

Revenons au 19 septembre 2002. Une autre figure de la rébellion naissante est Modibo Dramé, dit « Mobio ».

Lui aussi ancien garde du corps de Ouattara.

Le premier porte-parole de l'insurrection armée qui se donne le nom de Mouvement patriotique de Côte d'Ivoire (MPCI) se cache sous le pseudonyme « Adjudant Beugré », mais est en réalité Alain Lobognon, employé au sein du Département « Communication » du cabinet d'Alassane Ouattara.

Le second porte-parole du MPCI, dont il deviendra le secrétaire général, est Guillaume Soro, colistier d'Henriette Diabaté, secrétaire général du RDR, le parti de Ouattara, aux élections municipales à Port-Bouët.

Pour moins que cela, des observateurs neutres évoqueraient avec raison la branche armée d'un parti politique. La presse occidentale majoritaire s'y est toujours refusée. Elle a continué de le faire même après que des acteurs de premier plan et de la rébellion et du parti de Ouattara ont choisi d'abandonner la langue de bois et la fiction de la « cloison ».

Le premier à le faire est Koné Zakaria, commandant en charge de la zone de Vavoua, riche en cacao, située dans l'ouest du pays. Nous sommes en 2005, en plein conflit de leadership entre Ibrahim Coulibaly dit « IB » et Guillaume Soro. Koné Zakaria recadre le combat de la rébellion lors d'une cérémonie publique dans la ville de Séguéla. Il tient ces propos, enregistrés par un vidéaste :

*« Si vous supportez le MPCI, ne le faites pas pour Zakaria, ni pour IB, ni pour quelqu'un d'autre, sinon celui qui a acheté nos armes, c'est-à-dire Alassane Dramane Ouattara. Lorsque nous étions en exil, c'est Alassane qui s'occupait de nous. Il nous apportait régulièrement du riz. Et la somme de 25 000 000 de FCFA chaque mois (...) J'ai récemment mis en contact téléphonique certaines personnes dont le maire de Mankono et les responsables des femmes avec Alassane Ouattara. Elles-mêmes viendront confirmer ».*

Désormais qu'Alassane Ouattara est au pouvoir, Koné Zakaria, à l'origine caporal et toujours quasi-analphabète, occupe le poste de patron de la Police militaire. Il a été nommé par le chef de l'Etat sans avertir le Premier ministre d'alors Guillaume Soro dont il doit limiter l'influence, nous apprend *La Lettre du Continent*, publication spécialisée.

Dans le langage fleuri qu'on lui connait, Amadou Soumahoro, alors secrétaire général adjoint du RDR, mettait en garde Guillaume Soro contre toute tenta-

tive d'autonomisation après la signature de l'Accord
politique de Ouagadougou le 17 mars 2007 en disant
à la hussarde :

« *On ne va pas faire pipi et un caïman va sortir de
notre pipi pour nous mordre* ».

Traduction : la créature ne doit pas s'affranchir de
son créateur.

Depuis l'arrivée au pouvoir d'Alassane Ouattara,
Amadou Soumahoro a bénéficié d'une promotion. Il
est désormais secrétaire général du RDR.

En dépit de tout cela, la presse occidentale majoritaire et les rapports des officines onusiennes et des
ONG continuent de maintenir le mythe de la dissocia-
tion. Pour protéger Alassane Ouattara.

Le distingué.

Le policé.

L'ancien directeur général adjoint du FMI.

Le « président blanc » selon *Libération*.

Il faut croire que les accouplements entre la barbarie à col blanc du système financier et la féoda-
lité vulgaire de l'Afrique profonde doivent demeurer
cachés à tout prix.

# Trafics et Compagnie : l'ombre d'Alassane Ouattara

L'on a vu que, contrairement à la mythologie sculptée pour lui, Alassane Ouattara a instrumentalisé l'identitarisme nordiste et le chantage à la guerre pour parvenir à ses fins sous Félix Houphouët-Boigny. L'on a vu que chaque éruption de violence armée en Côte d'Ivoire a été précédée de menaces explicites qu'il a lancées. L'on a aussi vu que les principales figures de la rébellion meurtrière de Côte d'Ivoire lui sont liées et que tant dans son parti que dans le mouvement armé qui le soutient, des personnalités de haut niveau assument la collusion structurelle entre les deux entités.

C'est quand on enquête sérieusement sur les affaires financières de la rébellion ivoirienne que la marque personnelle d'Alassane Ouattara apparaît de la manière la plus claire.

Et qui dit finance en Côte d'Ivoire dit cacao. Bien évidemment.

Les territoires conquis par la rébellion ivoirienne en 2002 représentaient à peu près 15% de la production ivoirienne, c'est-à-dire la production d'un pays comme le Cameroun. Pour en tirer profit, les nouveaux maîtres des zones que l'on appelle pudiquement Centre-Nord-Ouest mettent en place une filière d'exploitation faisant transiter les fèves par le Burkina Faso et le Togo.

L'entreprise chargée de gérer ce commerce de contrebande, est créée au Burkina et va jusqu'à installer une usine de conditionnement à Bobo Dioulasso, capitale économique de ce pays voisin, ce qui ne l'empêche pas de s'appeler Côte d'Ivoire Fruit.

Côte d'Ivoire Fruit, qui jouit directement des retombées de l'entreprise guerrière dont le visage officiel est Guillaume Soro, n'est ni la propriété d'un proche ni celle d'un obligé de ce dernier. Elle appartient à Adama Bictogo. Cadre du RDR, le parti de Ouattara. Proche parmi les proches de Ouattara. Dont la particularité est d'avoir vu ses comptes parisiens, au sein de la banque britannique HSBC, fermés parce que considérés comme « préoccupants » et « indésirables », en raison de soupçons d'activités frauduleuses. Style blanchiment d'argent ou trafic d'armes.

Alors que le parti de Ouattara siège au gouvernement tout en maintenant armées ses milices, Bictogo est conseiller spécial du ministre de l'Agriculture RDR – ce qui ne l'empêche pas d'être le premier à violer les dispositions anti-contrebande de son propre département ministériel.

La collusion entre le parti de Ouattara et la rébellion est, dans ce cas précis, indiscutable. Publiées en exclusivité par *Le Courrier d'Abidjan*, ces informations seront reprises et complétées par l'ONG de « watching » britannique Global Witness. Et royalement ignorées par la « grande » presse internationale.

Après sa prise de pouvoir, Alassane Ouattara a nommé Adama Bictogo ministre de l'Intégration africaine et lui a confié des missions secrètes avant de le débarquer en raison d'un scandale lié à l'indemnisation des victimes des déchets toxiques. Tout en lui évitant la prison et sans aider à lever son immunité parlementaire.

Mais il y a plus « gros ». Avant le début du conflit en septembre 2002 et avant sa réactivation en janvier 2011, la firme Armajaro, spécialisée dans le négoce des matières premières, a acheté environ 15% de la production mondiale, misant selon toute évidence sur une déstabilisation des approvisionnements difficile à imaginer en dehors d'une catastrophe naturelle ou d'un conflit armé sévère.

En 2002, le journaliste Guy-André Kieffer, ancien spécialiste « matières premières » du quotidien français *La Tribune*, et consultant pour le compte d'une société installée à Abidjan, accuse dans un article anonyme mais authentifié qu'Armajaro fait partie des « financiers de l'insurrection ».

En 2010, quand le même type de mouvements spéculatifs recommence, le *Daily Finance*, publication spécialisée du groupe AOL, se dit persuadée qu'Armajaro est au courant de choses que tout le monde ignore sur l'évolution du marché. Les industriels du secteur se plaignent bruyamment des étranges pratiques d'Armajaro.

Qui est le directeur Afrique de cette firme qui anticipe avec tant de finesse les « apocalypses » ivoiriennes ? Loïc Folloroux, le fils de Dominique Ouattara, l'épouse d'Alassane Ouattara.

Qui était l'invité d'honneur du couple Ouattara lors de l'investiture organisée à Yamoussoukro le 21 mai 2011 ? Anthony Ward, le patron d'Armajaro. Le délit d'initié est évident. L'entourage familial direct a utilisé « l'opportunité » de la guerre pour spéculer et s'enrichir.

La thèse de la programmation, de la préméditation, de la préparation minutieuse des différents épisodes de la guerre ivoirienne s'en trouve confortée.

Ce type de guerre économique instrumentalisant sans vergogne les marchés financiers a des aspects postmodernes qui auraient pu intéresser les « spécialistes de l'Afrique ». Faire saliver les journalistes d'investigation prolifiques sur les biens mal acquis des dirigeants africains.

Mais rien ne s'est passé.

L'omerta pro-Ouattara n'a pas été brisée.

Elle ne l'a pas été non plus quand des internautes passionnés d'aviation ont fourni au *Nouveau Courrier*, notre quotidien, des pistes intéressantes sur le jet privé de campagne utilisé par Alassane Ouattara avant le premier tour et avant le second tour de la présidentielle de 2010. Le numéro d'immatriculation de cet avion – changé entre les deux tours comme pour brouiller les cartes – menait, en effet, assez facilement vers son propriétaire.

David Paul Topokh. Présenté par des milieux spécialisés européens comme un sulfureux trafiquant d'armes ayant part liée avec Victor Bout, le plus célèbre marchand de mort vivant, aujourd'hui aux mains de la justice américaine. Parmi ces sources, l'ONG de watching International Peace and Information Service (IPIS), cofinancée par la Coopération belge. Topokh n'est pas seul. Il fait partie d'un réseau. Celui de Victor Bout.

Et l'ONG britannique Global Witness a réussi démontrer, dans un rapport dénommé « Les Suspects Habituels », que c'est la « Victor Bout Connection », à travers le trafiquant Leonid Minin, le Liberia de Charles Taylor et le Burkina Faso de Blaise Compaoré, qui a fourni leurs armes aux rebelles ivoiriens localisés sur le front ouest, lesquels ont donné à leurs succursales les noms de MPIGO (Mouvement populaire ivoirien du Grand-Ouest) et de MJP (Mouvement pour la justice et la paix).

C'est avec l'avion de David Paul Topokh qu'Alassane Ouattara a fait le tour de la Côte d'Ivoire pendant la campagne électorale, et atterri dans plusieurs villes du Nord de la Côte d'Ivoire contrôlées par une insurrection armée qui se préparait à une sorte de « résurrection ».

*La Lettre du Continent* a écrit dans son édition du 1er décembre 2011 que Topokh était un « proche » de Ouattara. Et n'a pas été démentie.

Cette amitié particulière porte un tel coup de canif à l'image de technocrate policé que la presse majoritaire lui a complaisamment forgée que pas grand monde ne souhaite trop en parler.

Cette guerre était
programmée d'avance !

La place d'Alassane Ouattara n'est pas dans un palais présidentiel, mais devant un juge. Nous le démontrerons. Mais il est important de tailler en pièces, d'emblée, l'argument-mantra de ses nombreux et puissants défenseurs et protecteurs.

L'argument de la responsabilité politique première. Oui, disent-ils, les forces de Ouattara ont AUSSI commis des crimes de guerre et des crimes contre l'humanité. Mais elles ont été entraînées dans un conflit armé à leur corps défendant puisque, comme le répète l'AFP à longueur de dépêches, *« le refus de Laurent Gbagbo de reconnaître sa défaite au scrutin présidentiel de novembre 2010 a déclenché une grave crise de décembre 2010 à avril 2011, qui a fait 3 000 morts en Côte d'Ivoire »*.

Il n'y a rien de plus malhonnête que ce raisonnement.

En Côte d'Ivoire, la Commission électorale indépendante (CEI), majoritairement contrôlée lors de ce scrutin par le camp Ouattara, organise les opérations, collecte les bulletins de vote, les compte et les additionne. Après avoir donné des résultats provisoires, elle transmet les dossiers au Conseil constitutionnel, qui recueille les plaintes des différents candidats, dans le cadre du contentieux électoral, tranche les litiges. Et proclame un vainqueur.

Président sortant sans emprise sur l'organisation du scrutin, Gbagbo a accusé ses adversaires d'avoir perpétré des fraudes et a porté ses requêtes devant le Conseil constitutionnel. Lequel lui a donné raison, et l'a proclamé vainqueur.

Porter ses griefs devant le Conseil constitutionnel, ainsi que le prévoit la Loi fondamentale, signifie-t-il refuser sa défaite ?

Les pro-Ouattara disent facilement que le Conseil constitutionnel était majoritairement composé de proches de Gbagbo. Mais l'argument peut être retourné contre eux en ce qui concerne la Commission électorale.

De plus, dès qu'il est arrivé au pouvoir, Alassane Ouattara a mis à la tête du Conseil constitutionnel un homme à sa main. Si un camp politique ne peut se plaindre devant le juge des élections parce qu'il a rendu sa nomination possible, cela signifie que Nicolas Sarkozy ne peut déposer des recours dans le cadre de la présidentielle française et que le parti de Ouattara n'avait pas à soumettre des requêtes lors des dernières élections législatives.

Pourquoi les arguments concoctés contre Gbagbo deviennent-ils indéfendables dès lors qu'on tente de les « universaliser », de les sortir du particularisme facile à faire admettre à l'issue d'une campagne intensive de diabolisation ?

La seule question morale qu'il est légitime de se poser au sujet du second tour de la présidentielle ivoirienne est la suivante : les tricheries et violences dont Gbagbo se plaignait étaient-elles réelles ou imaginaires ?

Des rapports du Centre de commandement inté-
gré (CCI), structure militaire ivoirienne, des observateurs de l'Union africaine et des vigies de la Commission économique des Etats de l'Afrique de l'Ouest
(CEDEAO) confirment les affirmations du candidat
Gbagbo. Les éléments factuels qui rendent impossible la victoire électorale de Ouattara sont  très
nombreux, presque renversants, et sont développés
dans le livre du journaliste français Grégory Protche,
*On a gagné les élections mais on a perdu la guerre*,
publié aux Editions du Gri Gri, à Paris.

La crise postélectorale n'est donc pas née du « refus » de Gbagbo de céder le pouvoir mais du « refus »
d'Alassane Ouattara, soutenu par une partie de la
communauté internationale, d'accepter les résultats
définitifs de l'élection présidentielle ivoirienne.

Il n'y avait même pas eu, rappelons-le, double pro-
clamation des résultats, dans la mesure où le président de la Commission électorale indépendante
(CEI), dans son étrange divulgation des résultats provisoires depuis l'hôtel du Golf, siège de campagne de
Ouattara, s'en remettait « sagement » à l'arbitrage
du Conseil constitutionnel.

Face à la crise institutionnelle, deux possibilités
s'offraient. Une résolution pacifique, politique, du
différend, et une issue violente, militaire.

Laurent Gbagbo a proposé jusqu'au dernier moment le recomptage des voix, fondamentalement politique, préconisé par la communauté internationale à

Haïti, en Afghanistan et, sans succès, en République démocratique du Congo.

Alassane Ouattara n'a cessé de proposer l'usage de la force, qu'il a mis en œuvre avec l'aide de la France, des Etats-Unis et de la bureaucratie des Nations Unies.

Dans ce contexte, attribuer à Gbagbo la responsabilité politique du surgissement d'un épisode guerrier particulièrement meurtrier en Côte d'Ivoire revient à insinuer que le règlement civilisé des crises politiques requiert une sophistication *de facto* inaccessible aux Ivoiriens.

De plus, c'est faire semblant d'ignorer que cette guerre était programmée avant même le premier tour de la présidentielle.

Comme l'indiquent pourtant les mouvements spéculatifs d'Armajaro sur le cacao ivoirien dès le mois de juillet 2010.

Comme le laissent penser les déclarations des combattants du commando invisible d'Abobo. À l'image du « commandant Féré », patron de la zone de PK 18 d'Abobo, ancien quartier général du commando invisible, et qui s'est confié à France 24 en ces termes : « *Je suis arrivé à Abobo deux mois avant les élections présidentielles car nous savions tous dans le nord que Gbagbo refuserait de lâcher le pouvoir* ». Le « commandant Féré » a confié à France 24 qu'il était descendu, deux mois avant les élections, donc, de la ville de Vavoua, au nord-ouest d'Abidjan.

Où il s'était déjà prépositionné.

Or, Vavoua était le fief de Koné Zakaria. Le plus ouattariste des chefs rebelles. Ecarté par le clan Soro à la faveur de la signature de l'Accord politique de Ouagadougou qui signait, en 2007, une sorte de rapprochement tactique avec Gbagbo.

Dans une interview donnée en mai 2008 au quotidien ivoirien *Le Temps*, Issiaka Ouattara alias « Wattao », homme de confiance de Soro, révélait très clairement la stratégie de Koné Zakaria.

« *Il voulait demeurer en armes pour soutenir un leader politique au cas où ce dernier échouait aux élections* », disait-il. Le fait que ses hommes créent par la suite, deux mois avant les élections, des cellules dormantes de la rébellion au cœur d'Abidjan, confirme la permanence d'un « plan B » que les pro-Soro n'ont rejoint que sur le tard.

La mise en scène institutionnelle de la crise postélectorale était, elle aussi, préparée à l'avance. La « querelle » entre la Commission électorale et le Conseil constitutionnel était anticipée par le représentant spécial du secrétaire général de l'ONU à Abidjan. Qui avait également décidé, à l'avance, de survaloriser l'une des institutions et de neutraliser l'autre.

Dans son édition du 17 au 23 septembre 2010, *Jeune Afrique* indique ainsi que l'ONUCI planifie « *les moyens d'intervention qui seront mis en œuvre*

*en cas de paralysie du processus – si, par exemple,
le Conseil constitutionnel refuse de valider les résultats de la Commission électorale indépendante (CEI).
Le Sud-Coréen Choi Young-jin, son patron, étudie notamment les parades à d'éventuelles contestations
s'appuyant sur de subtils arguments juridiques ».*

L'on retient que Choi avait prévu des désaccords.

Et qu'au lieu de trouver des consensus préélec-
toraux et de renforcer les règles de transparence,
notamment en travaillant à la démobilisation des
rebelles, il avait prévu de donner raison, structurel-
lement, avant le scrutin, avant l'expression des diffé-
rends, avant connaissance de la nature de ces diffé-
rends, à une CEI contrôlée par l'opposition.

Cela revenait à accorder à un camp le droit de tri-
cher sans être contesté.

Choi avait déjà prévu des « moyens d'intervention »
militaires à la suite de son arbitrage a priori, donc
forcément partial. Le storytelling était écrit. Il ne res-
tait plus qu'à le dérouler.

Le fait que Guillaume Soro, alors Premier ministre
officiellement « impartial », Alassane Ouattara, une
partie des troupes de l'ONUCI et de la piétaille rebelle
des Forces nouvelles soient regroupés dans un hôtel
du Golf plus que jamais fortifié, à la veille du second
tour des élections, en rajoute rétrospectivement aux
« coïncidences » troublantes.

La responsabilité politique de la crise armée en
Côte d'Ivoire ne peut pas être attribuée exclusive-

ment à Gbagbo dès lors que l'on sort du bourrage de crâne unilatéral et mensonger. Elle ne peut pas expliquer éternellement la justice des vainqueurs qui peine à se trouver un cache-sexe.

Encore que...

Une Cour pénale, par définition, juge de ce qui relève du pénal. Elle n'arbitre pas les élégances politiques. Elle juge les auteurs de crimes contre l'humanité, de crimes de guerre, d'épurations ethniques, de persécutions politiques. Alassane Ouattara est responsable de ce type de crimes-là.

# Pourquoi la place d'Alassane Ouattara est devant un juge

Si Alassane Ouattara ne se trouve pas devant un juge, alors les comparutions de Charles Taylor, ancien numéro un du Liberia, et de Laurent Gbagbo, président ivoirien renversé, devant la justice internationale, relèvent du registre de la plaisanterie la plus sinistre.

Personne ne dit que Charles Taylor a personnellement tué, violé et commis des pillages en Sierra Leone. Selon l'acte d'accusation émis par le Tribunal spécial pour la Sierra Leone (TSSL), Charles Taylor s'est allié à Foday Sankoh, fondateur du Revolutionary United Front (RUF), mouvement rebelle sierra-léonais, afin de déstabiliser le pays et d'accéder aux ressources naturelles de Sierra Leone, notamment aux diamants.

Charles Taylor aurait également financé l'armement du RUF et du Conseil révolutionnaire des forces armées (AFRC), dont les attaques auraient été accompagnées de meurtres, de violences physiques, de viols et de pillages.

Les éléments qui montrent qu'Alassane Ouattara et son parti le RDR se sont alliés aux rebelles de Guillaume Soro pour déstabiliser la Côte d'Ivoire foisonnent au point de permettre de penser que le mouvement armé n'est que l'émanation du parti politique.

Les déclarations de responsables de haut niveau du RDR et de la rébellion sur l'origine du financement de l'insurrection, ainsi que des mouvements suspects sur les comptes en France d'un proche collaborateur de Ouattara, Adama Bictogo, sont là pour témoigner de ces relations organiques.

Les bénéfices collectés par Loïc Folloroux, le gendre, et par Adama Bictogo, grâce au « cacao du sang » attestent de ce que Ouattara, dans son entreprise guerrière, a pu accéder « aux ressources naturelles » du pays.

Le 17 mars 2011, Alassane Ouattara a jeté le masque et s'est déclaré, par le biais d'une « ordonnance », chef supérieur d'une armée dénommée Forces républicaines de Côte d'Ivoire (FRCI).

C'est cette armée qui a affronté les Forces de défense et de sécurité (FDS) officielles, et qui a aidé les soldats français et onusiens à renverser Laurent Gbagbo.

La Cour pénale internationale n'accuse pas Laurent Gbagbo d'avoir commis des « *meurtres* », des « *viols et violences sexuelles* ». Mais elle accuse son armée et ses partisans de les avoir perpétrés, d'avoir « *pris pour cible des civils qu'elles pensaient être des partisans d'Alassane Ouattara* », et d'avoir procédé à des « *attaques souvent dirigées contre des communautés ethniques ou religieuses spécifiques* ».

Ces attaques, prétend la CPI, « *relevaient de la politique d'une organisation* ».

Ce petit livre n'a pas la prétention de défendre Laurent Gbagbo, même si de nombreux éléments existent pour interroger la démarche de ses procureurs. Mais il se donne pour mission d'accuser Alassane Ouattara. Et il est un fait que les massacres les plus graves, les plus indiscriminés et les plus gratuits du long conflit ivoirien ont été commis par les forces se réclamant de cet homme.

La muraille de protection médiatique dont il bénéficie a donné à ces massacres un assez faible écho, mais n'a tout de même pas pu engendrer une amnésie générale.

La preuve par quelques exemples, qui sont loin d'être exhaustifs.

# Le massacre d'une soixantaine de gendarmes et de leurs enfants à Bouaké le 6 octobre 2002

Ce massacre est la première tuerie à caractère « *massif* » et « *systématique* » qui se déroule après le déclenchement de la rébellion le 19 septembre 2002. Amnesty International en fait un récit très clair dans un de ses rapports.

« *À Bouaké, le 6 octobre 2002, une soixantaine de gendarmes accompagnés d'une cinquantaine de leurs enfants et de quelques autres civils ont été arrêtés dans leur caserne par des éléments armés du Mouvement patriotique de Côte d'Ivoire(MPCI) qui avaient pris le contrôle de la deuxième ville du pays depuis le 19 septembre 2002. Ces personnes ont été conduites à la prison du camp militaire du 3e bataillon d'infanterie. Ce même soir, des éléments armés du MPCI sont entrés à plusieurs reprises dans la prison et ont tiré en rafales, tuant et blessant des dizaines de détenus. Les survivants sont restés deux jours avec les blessés et les cadavres en décomposition sans recevoir de nourriture. Certains ont été contraints de transporter les cadavres et de les enterrer dans des fosses collectives et une dizaine d'entre eux ont très vraisemblablement été tués sur les lieux mêmes du charnier après qu'ils eurent enterré leurs camarades. (...)*
*À la suite d'une enquête approfondie, Amnesty International a pu retracer, sur la base de témoignages directs, les circonstances de ce massacre. Les gendarmes arrêtés le 6 octobre 2002 à l'état-major de*

la 3e légion de gendarmerie de Bouaké n'ont pas été tués lors de combats. La plupart d'entre eux ont été abattus de sang-froid par des éléments armés du MPCI alors qu'ils étaient détenus avec une cinquantaine de leurs enfants et quelques civils dans la prison du camp militaire du 3e bataillon d'infanterie de Bouaké. De plus, certains d'entre eux, y compris des blessés, ont très vraisemblablement été abattus sur les lieux de la fosse collective où ils avaient été contraints d'ensevelir certains de leurs camarades. Les survivants de ce massacre n'ont eu la vie sauve que grâce à un ordre donné au tout dernier moment par un responsable du MPCI. Finalement, la dizaine de gendarmes encore détenus en décembre 2002 ont été libérés après avoir payé des rançons très élevées.

À Bouaké, au cours de leur mission d'enquête, les représentants de l'organisation ont officiellement demandé à des responsables de l'aile militaire du MPCI de visiter les fosses collectives où auraient été enterrés ces gendarmes. Les autorités du MPCI ont répondu qu'elles ne connaissaient pas le lieu exact de ces fosses et que celles-ci ne contenaient que des corps de gendarmes tués au combat. »

De ce récit, l'on peut tirer un certain nombre de conclusions.

- Les victimes n'ont pas été tuées au combat, ou

même sous la pression de combats en cours auxquels elles n'étaient pas mêlées. Elles étaient désarmées.

- Les victimes n'étaient pas toutes des personnes exerçant le métier des armes, puisque des enfants de gendarmes ont été également assassinés.

- Cette exécution collective a été préméditée.

- Le racket en règle ayant précédé la libération des survivants, ainsi que les dénégations et le refus d'enquêter des responsables de la rébellion alors appelée MPCI démontrent très clairement que la chaîne de commandement n'était pas ignorante du drame. Qui entrait donc dans « *la politique d'une organisation* ».

On peut également faire une remarque : le rapport d'Amnesty International est publié en fin février 2003, plus de trois mois après les faits... et après la signature des Accords de Linas-Marcoussis qui entérinent un partage de pouvoir extrêmement favorable aux rebelles de Bouaké et constituent, selon des éditorialistes parisiens, « *une victoire pour la France* ».

L'ONG se défend en disant que son silence servait à protéger les rescapés qui avaient témoigné.

On peut aussi penser qu'une dénonciation aurait créé un choc et une pression internationale sur leurs geôliers afin de précipiter leur libération.

Il reste que de nombreux journalistes occidentaux ont vu – certains allant jusqu'à filmer – le périple d'humiliation subi par les victimes avant leur exécution, et que la presse ivoirienne a révélé, assez vite, ce massacre.

Les journalistes étrangers ont refusé d'enquêter sur un sujet qui pouvait briser le mythe des *« rebelles qui sourient »*. Et ont attendu le rapport d'Amnesty pour lever l'omerta.

La logique de protection de Ouattara et de ses hommes, déjà !

# Le massacre de Petit-Duékoué et de Guitrozon

Dans la nuit du 31 mai au 1er juin 2005, en l'absence de toute belligérance ouverte, un commando d'hommes armés attaque les villages de Petit-Duékoué et de Guitrozon, dans l'Ouest ivoirien. Et tue tous ceux qu'il peut tuer dans les hameaux endormis. Le bilan est de 41 morts dès les premiers jours.
Le nombre de tués atteindra 127.
Le reportage de l'agence Reuters est très clair.

*« Des corps calcinés gisent à même le sol en plein soleil ou à l'intérieur de cases brûlées à Guitrozon, village de l'Ouest ivoirien théâtre dans la nuit de mardi à mercredi d'un sanglant raid d'assaillants présumés être des Dozos, une tribu de chasseurs du Nord. A l'intérieur d'une case réduite en cendres, les cadavres de trois enfants et de quatre adultes portent des traces de coups de machette à la tête. Non loin de là, une femme dont les villageois racontent qu'elle a accouché la veille de l'attaque, a été tailladée à mort avec son bébé. Une petite fille en robe bleu pâle git devant une case, la gorge tranchée, à quelques mètres du corps de son père. « C'étaient les Dozos, nous avons aperçu leur chef », raconte un fermier de 39 ans, Sylvain Goulehi. « C'était vers deux heures du matin. J'étais avec des amis quand nous avons entendu les premiers coups de feu. Ce sont des gens qui étaient habillés en Dozos. Ils étaient très nombreux, entre 200 et 300 personnes », raconte un autre survivant, Justin Ghoni Bonain. « Ils ont tiré et*

*mis le feu aux cases. Ils ont tué les gens avec des machettes et des fusils. Certains avaient des kalachnikovs. Nous avons cherché à fuir, ma mère a été tuée alors qu'elle fuyait pour aller vers chez moi. »*

L'on est très clairement en face d'un crime contre l'humanité, d'une tuerie monstrueuse et indifférenciée prenant pour cible un village de l'ethnie Guéré parce qu'il est un village de l'ethnie Guéré.

Il a été perpétré par les Dozos, milice supplétive de la rébellion pro-Ouattara des Forces nouvelles.

Les Dozos sont-ils une force indépendante et incontrôlable, impossible à relier à une chaîne de commandement quelconque, comme le prétendent les lobbies de protection d'Alassane Ouattara à l'international ?

Koné Zakaria, un des principaux chefs rebelles devenu par la volonté de Ouattara patron de la police militaire, a affirmé très clairement lors de la réunion publique de Séguéla où il révélait la principale source de financement de l'insurrection, que c'est lui qui avait recruté les Dozos.

Dans une interview publiée le 25 janvier 2012 par le quotidien *Nord-Sud*, fondé par des proches de Guillaume Soro, Zakaria admettra lui-même être un Dozo.

Petit rappel nécessaire pour confirmer la puissance de la machine de protection d'Alassane Ouattara. Le

7 juillet 2005, la radio de service public française RFI annonce que l'Opération des Nations unies en Côte d'Ivoire (ONUCI) a rédigé un rapport d'enquête accusant des miliciens Guéré d'être les auteurs de cet odieux massacre.

Une information fermement démentie assez rapidement par Hamadoun Touré, porte-parole de l'ONUCI.

Le livre *Massacres en Côte d'Ivoire* de l'avocat français Jacques Vergès compilera les témoignages des victimes de Petit-Duékoué et Guitrozon. Dans l'indifférence de la presse hexagonale. Un « spécialiste » de l'Afrique tentera même de diffuser dans le satirique *Le Gri-Gri International* une information selon laquelle en écrivant ce livre, Vergès ne cherchait qu'à justifier ses honorables honoraires. Bruit mondain indécent face à l'horreur rapportée par « l'avocat des causes perdues ».

# Le massacre
# d'Anonkoua Kouté

C'est le massacre le plus important de par son ampleur et le plus spectaculaire par sa violence commis pendant la guerre postélectorale de fin 2010 – début 2011 dans le district d'Abidjan.

Malgré l'existence d'images et de témoins, il n'a été évoqué qu'*a minima* par les médias occidentaux, et n'a donné lieu à aucune condamnation spécifique de la part des diplomaties occidentales, pourtant peu avares en communiqués hostiles à Gbagbo sur la thématique des droits de l'homme.

Dans un rapport, l'ONG Human Rights Watch raconte Anonkoua Kouté.

*« Aux environs de 2 heures du matin le 7 mars, plus de 60 combattants pro-Ouattara ont attaqué le village d'Anonkoua-Kouté, situé tout près de leur fief militaire d'Abobo à Abidjan. Anonkoua est un village habité principalement par des membres de l'ethnie Ébrié, qui soutiennent largement Gbagbo.*

*La veille, il y avait eu des affrontements dans cette zone entre forces armées des deux camps. Des victimes de l'attaque du 7 mars ainsi qu'un combattant appartenant au camp Ouattara ont expliqué à Human Rights Watch que les forces pro-Ouattara pensaient que des armes avaient été laissées dans le village.*

*Toutefois, les assaillants semblent avoir tué des civils au hasard et ont incendié une grande partie du village.*

*Human Rights Watch a interrogé quatre victimes*

d'Anonkoua-Kouté et a pu confirmer la mort de neuf civils, dont deux femmes qui ont été brûlées. L'une des victimes a déclaré à Human Rights Watch :

« Je pouvais entendre des tirs nourris de mitrailleuses, et les gens du village ont commencé à crier. Je suis sorti pour voir ce qui se passait, et je suis tombé sur quelqu'un qui m'a attrapé et a demandé un mot de passe. Je ne le connaissais pas, alors il a pointé son fusil à canon scié sur moi à deux mètres de distance et il a tiré. J'ai lancé mon bras vers le fusil juste au moment où il tirait et des chevrotines ont giclé dans mon bras et mon cou. Je suis tombé par terre et je suis resté couché en faisant le mort, en respirant à peine. Je les ai vus massacrer le village tandis que j'étais couché là.

Les rebelles étaient tout habillés de noir. Certains d'entre eux portaient des cagoules, d'autres avaient des bandanas. Ils tambourinaient sur les portes des maisons et ne cessaient de répéter : « Nous sommes ici pour la guerre, nous ne sommes pas ici pour nous amuser», et ils demandaient où les gens cachaient des armes tout en les frappant et en les tuant.

À une maison proche de la mienne, une femme a refusé d'ouvrir la porte. Ils ont lancé des bouteilles allumées qui avaient été trempées dans de l'essence, et la maison a pris feu. La femme est sortie en courant en hurlant ; elle était en feu. Elle est morte plus tard ce jour-là. Je les ai vus attraper un autre de mes voisins et lui tirer dessus à bout portant. C'était vrai-

*ment de la barbarie. »*

*Un autre témoin a affirmé avoir vu les attaquants égorger son père de 72 ans. Au moins 15 maisons ont été incendiées, et tout le village est désormais abandonné. Il a déclaré que les forces pro-Ouattara contrôlent maintenant la région. »*

Fidèle à la logique de protection du camp Ouattara, Human Rights Watch refuse de qualifier cette orgie de sang nocturne de *« crime contre l'humanité »*, mais le classe dans la catégorie *« crimes de guerre »* pour mieux créer une hiérarchie avec le camp Gbagbo accusé de *« crimes contre l'humanité »* pour des faits dont la matérialité est moins claire que le crime d'Anonkoua Kouté. C'est pour cette raison que l'ONG évoque un prétendu soupçon à propos d'armes laissées dans le village qui auraient pu justifier l'opération.

Pourtant, aucun récit n'invoque des interrogatoires, même violents, visant à retrouver d'éventuelles caches d'armes. Au contraire, un rescapé évoque un *« mot de passe »* demandé aux victimes avant assassinat. Ce qui signifie bien qu'il s'agissait de sauver uniquement des personnes complices des forces pro-Ouattara. De ne pas tuer par hasard un « frère » ou une « sœur ».

Le massacre d'Anonkoua Kouté est un authentique crime contre l'humanité, visant à procéder à une épuration ethnique à Abobo, zone dont il fallait

« *sécuriser* » la conquête.

L'abandon du village d'Anonkoua Kouté par ses habitants « pro-Gbagbo » signe la réussite d'une stratégie mortifère.

Une victime résidant dans une autre partie d'Abobo a décrit une attaque similaire par des soldats pro-Ouattara survenue le 7 mars à son domicile.

« *La grande majorité des personnes appartenant à des groupes pro-Gbagbo ont quitté les secteurs d'Abobo qui se trouvent sous le contrôle des forces de Ouattara* », écrit Human Rights Watch pour confirmer une stratégie épuratrice et indiquer qu'elle a été dupliquée ailleurs qu'à Anonkoua Kouté.

# Les massacres à caractère industriel des FRCI de Ouattara dans l'Ouest de la Côte d'Ivoire

Les massacres et actes d'épuration ethnique caractérisée commis par les forces pro-Ouattara dans la ville de Duékoué, en pays guéré, à l'ouest de la Côte d'Ivoire ont été abondamment médiatisés après la chute de Laurent Gbagbo le 11 avril 2011.

Ils constituent, et de loin, les pires violations des droits de l'Homme jamais enregistrées en Côte d'Ivoire.

Ils ont été médiatisés avec du retard, puisqu'il se sont déroulés en fin mars, période pendant laquelle un hélicoptère de l'ONUCI a survolé, notamment, le quartier Carrefour où ils se déroulaient, irritant les éléments FRCI dans leur besogne au point qu'ils ont tiré sur l'appareil qui appartenait pourtant à une force internationale alliée.

Le rapport d'Amnesty International, « *Ils ont regardé sa carte d'identité et l'ont abattu* », recueille des indices et des témoignages sur des faits dont on peut penser que certains peuvent être qualifiés d'actes de génocide.

*« Les témoignages sont massifs et concordants. Nous avons vu plus de 100 personnes. Des homicides ciblés et systématiques ont été commis par des agents en uniforme des FRCI. Les forces de l'Onuci n'ont pas bougé pendant la bataille de Duékoué. Le 29, à la mi-journée, les patrouilles de l'Onuci sont passées devant le quartier Carrefour pour sécuriser la mission catholique. Des femmes ont imploré les*

*soldats de venir les aider pour sauver leurs maris
et leurs fils. Le 31, les forces de l'Onuci iront avec
d'autres constater les massacres, alors que le mandat de l'Onu porte sur la protection des civils »,* a
ainsi affirmé Gaëtan Mootoo d'Amnesty International.

L'ONG a publié un témoignage emblématique :
*« Ils sont entrés dans les cours et ont chassé les
femmes. Puis ils ont demandé aux hommes et aux
jeunes de s'aligner et leur ont demandé de décliner
leurs prénoms et noms et de présenter leurs cartes
d'identité. Puis ils les ont exécutés. J'ai assisté au
tri qu'ils opéraient, trois jeunes hommes, dont un
âgé d'une quinzaine d'années, ont été tués par balle
devant moi. »*

Amnesty International accuse l'ONUCI d'avoir enterré les victimes dans des fosses communes et à
la va-vite, sans les prendre en photo afin que leurs
proches puissent confirmer leur décès et que des
enquêtes se déroulent.
*« Sans respect pour les personnes »* contrairement
aux normes internationales instaurées après le massacre de 1995 à Srebrenica.
Cette attitude a-t-elle participé de la fameuse logique de protection d'Alassane Ouattara ? Peut-être.
Une chose est sûre : l'ONUCI a tenté de minimi-
ser l'ampleur du massacre de Duékoué. Alors que
la Croix-Rouge, chargée du ramassage des corps, a

décompté 817 personnes sans défense assssinées par les FRCI et qu'Amnesty International prévoyait un bilan plus lourd, l'ONUCI évoquait 330 morts, tentant de les « répartir » de manière « équitable » entre pro-Gbagbo et pro-Ouattara.

En tout cas, après la révélation de l'ampleur du massacre de Duékoué, les alliés internationaux du chef de l'Etat ivoirien se sont particulièrement activés pour lui sauver la mise.

Selon Florent Geel, directeur Afrique de la Fédération internationale des ligues des droits de l'homme (FIDH), *« tout serait parti du projet des miliciens pro-Gbagbo de décimer un quartier peuplé par des ressortissants de la Communauté économique des Etats de l'Afrique de l'Ouest (Cédéao). Des groupes d'auto-défense se sont constitués, y compris parmi les Baoulés, pour résister et empêcher le massacre »*, écrit *Slate Afrique*. Qui résume cette thèse à l'aide d'une expression : *« contre-massacre préventif »*.

De la légitime défense anticipée, en somme.

Au cœur des massacres, il y aurait eu, si l'on en croit la FIDH, un coupeur de route burkinabé, *« ancien réparateur d'équipements électriques actif dans le commerce de bois et des armes de guerre aurait levé une milice de 200 à 300 hommes, qui n'agit pas sous le contrôle des FRCI »*.

S'il n'est pas sous le contrôle de l'armée de Ouattara, ce dernier ne saurait être responsable de ses agissements. CQFD.

Annoncé en juillet 2011, le rapport de la FIDH, qui devait relativiser les accusations d'Amnesty International, n'a jamais été publié.

Par la suite, le régime d'Alassane Ouattara a tenté de plaider la spécificité du cas Duékoué par un contexte particulier et des haines ethniques localisées. *Jeune Afrique* est allé jusqu'à parler de « *loi du Talion* », comme si cette orgie de sang inédite pouvait être considérée comme un « juste » retour après des outrages équivalents.

Cette thèse médiatiquement séduisante se heurte à un écueil. Si à Duékoué, les massacres ont été paroxystiques, la conquête de l'Ouest voire du Sud de la Côte d'Ivoire par les forces pro-Ouattara a obéi à un *modus operandi* précis, visiblement destiné à opérer une épuration ethnique ou à marquer les esprits par une terreur spectaculaire.

Il n'y a pas eu que Duékoué. Dahoua. Delobly. Bahé Bé. Pinhou. Guéibli. Guinglo Zia. Diéhiba. Diahouin.

Dans tous ces villages, après les meurtres et les pillages, les maisons ont été désertées. Les habitants traqués dans les forêts.

A Guiglo, les massacres ont battu leur plein, en l'absence de résistance des autochtones Guérés.

Dans des villages du Centre-Ouest et du Sud, cette stratégie de la terreur a également été mise en œuvre, entraînant soit un éparpillement dans les forêts, soit une peur panique annihilant toute velléité de résistance.

Au passage, comment peut-on raisonnablement affirmer que des massacres dont le rythme a été de plusieurs centaines de morts par jour sur un territoire aussi petit que le département de Duékoué peuvent être le fruit de passions ethniques qui s'affolent, tandis que des affrontements urbains représentant une moyenne de moins de deux morts par jour pendant de longs mois sur un District d'Abidjan concentrant le tiers de la population ivoirienne sont la conséquence d'une politique d'Etat délibérée visant à commettre des crimes contre l'humanité ?

Comment ne pas conclure à l'intention épuratrice quand, après la destruction des villages et l'incendie des greniers des autochtones de l'Ouest, le gouvernement Ouattara se refusera de longs mois à leur accorder une aide à la reconstruction, et démantèlera *manu militari* les camps de déplacés, dans l'indignation généralisée de la communauté des humanitaires ?

Difficile ne pas diagnostiquer une volonté de voir une partie de la population quitter définitivement les riches terres de l'Ouest quand le ministre délégué à la Défense, Paul Koffi Koffi, répond dans ce contexte particulier, le 23 septembre 2011, aux autochtones

de Taï (sud-ouest de la Côte d'Ivoire), effrayés par la
« nouvelle armée ivoirienne », en prononçant cette
phrase terrible : *« Que celui qui n'est pas content des
FRCI, qui n'aime pas les FRCI, aille au Liberia ».*

# Tortures à l'Hôtel du Golf, sous les yeux de Ouattara

Nous avons démontré que, depuis le 19 septembre 2002, les rebelles du MPCI, rebaptisé Forces nouvelles, rebaptisé FRCI, ont commis d'épouvantables violations des droits de l'Homme, tant durant la période où Alassane Ouattara était leur financier occulte que durant celle où il a été officiellement leur unique chef politique.

On peut toujours dire que tout cela démontre sa responsabilité indirecte dans les tueries, mais qu'il ne pouvait pas être partout à la fois pour dire « stop » quand il le fallait.

Mais comment ne pas être troublé par les tortures qui ont eu lieu à l'hôtel du Golf, siège de sa présidence provisoire, pendant plusieurs jours ?

Est-on obligé de rappeler que la torture fait partie des crimes contre l'humanité recensés par la Cour pénale internationale ?

L'ancien ministre de l'Intérieur de Laurent Gbagbo, Désiré Tagro, qui a reçu une balle dans la bouche lors de l'assaut des forces de Ouattara et des forces françaises sur la Résidence présidentielle, a été maintenu pendant de longues heures à l'hôtel du Golf alors qu'il se vidait de tout son sang, avant d'être conduit, à l'article de la mort, à la Polyclinique Sainte Anne-Marie de Cocody, où il expirera.

Simone Gbagbo, épouse de Laurent Gbagbo, a été

torturée. Ses habits ont été déchirés. Ses cheveux arrachés par des soldats déjantés qui l'ont contrainte à se faire prendre en photo avec eux dans une position humiliante.

A l'endroit même où vivaient Alassane Ouattara et son épouse Dominique.

Jean-Jacques Béchio, dissident du parti ouattariste, a été torturé dans le hall de l'hôtel du Golf, frappé de plusieurs coups de pied dans le visage ensanglanté, devant les appareils photo et les caméras des médias français.

Des images ont montré l'ancien gouverneur de la Banque centrale des Etats de l'Afrique de l'Ouest (BCEAO), Philippe-Henri Dacoury-Tabley, torturé au point de perdre connaissance à l'hôtel du Golf.

Geneviève Bro Grébé, chargée de la mobilisation des femmes dans le cadre de la campagne électorale de Laurent Gbagbo, a été rouée de coups au point de perdre momentanément l'usage de ses jambes, comme ses photos marchant sur des béquilles en témoigneront plus tard.

Michel Gbagbo, le fils de Laurent Gbagbo, et Christophe Blé, son médecin personnel, ont été battus à sang dans l'enceinte de l'hôtel du Golf.

Un hôtel du Golf transformé, soit dit en passant, en lieu de maquillage des voitures volées lors des opérations massives de pillage des classes moyennes abidjanaises.

Plusieurs mois après l'arrestation de Laurent Gbagbo, de sa famille et de ses collaborateurs, l'ancien patron de la Garde républicaine, le général Bruno Dogbo Blé, incarcéré à la Compagnie territoriale de Korhogo (CTK), dirigée par Martin Fofié Kouakou, sous sanctions onusiennes pour crimes de guerre et crimes contre l'humanité, a accusé ses geôliers de l'avoir soumis à des tortures, dans une conversation avec l'avocate Lucie Bourthoumieux.

Comment douter que cette violence grâce à laquelle Ouattara s'est finalement hissé au pouvoir ne correspond pas à une stratégie délibérée quand, au mois de juillet 2011, bien après la fin de la belligérance, l'on dénombre encore une cinquantaine de morts liées aux brutalités des FRCI ?

Quand les hommes indexés comme responsables directs de crimes de guerre et de crimes contre l'humanité par les organisations de défense des droits de l'Homme sont non seulement protégés mais promus dans la hiérarchie militaire ?

Comment ne pas admettre que la place d'Alassane Ouattara n'est pas dans un palais présidentiel mais devant un juge ?

# Pourquoi Alassane Ouattara ne sera pas jugé par la justice internationale

Les chapitres précédents ont énuméré une partie des nombreux éléments qui militent en faveur de la comparution d'Alassane Ouattara devant un juge.

Bien évidemment, il ne sera pas jugé par la justice internationale. Pas seulement en raison de la fameuse logique de protection qui s'est toujours mise en œuvre en sa faveur en dehors de la Côte d'Ivoire. Et qui consiste par exemple, pour les médias dominants, à évoquer, en contrepoint du transfèrement de Laurent Gbagbo, chef suprême de l'armée officielle de la Côte d'Ivoire, à la Cour pénale internationale, des éventuelles poursuites contre des commandants de l'ex-rébellion ou contre le Premier ministre Guillaume Soro, exécutants au service du « chef suprême » des Forces républicaines de Côte d'Ivoire (FRCI) : Alassane Ouattara.

Alassane Ouattara ne comparaîtra pas devant la justice internationale parce que cette dernière, dans sa structure, est fondamentalement plus un instrument politique aux mains de ses bailleurs de fonds qu'une véritable institution judiciaire telle que conçue par les grandes démocraties.

Un exemple vient étayer cette affirmation de manière assez frappante. Je l'appelle la preuve par Blaise Compaoré.

Dans toute juridiction ordinaire, quand une enquête sur un délinquant financier, un meurtrier ou un détrousseur de petites vieilles met en lumière des

complicités objectives et actives avec une autre personne, une information judiciaire est naturellement
ouverte contre cette autre personne.

Le Tribunal spécial pour la Sierra Leone (TSSL),
fondé sous l'égide des Nations unies, s'est quant à
lui affranchi de cette règle de bon sens.

C'est ainsi qu'il a inculpé l'ex-président libérien
Charles Taylor pour avoir financé et armé le Front
révolutionnaire unifié (RUF) de Foday Sankoh.

Au cours de ses enquêtes, le TSSL a collecté des
éléments démontrant de manière indubitable que
Blaise Compaoré, le président du Burkina Faso, tom-
beur de l'icône panafricaine Thomas Sankara, a armé
d'abord la rébellion de Charles Taylor au Liberia, puis
a continué avec le RUF.

Les rapports d'experts de l'ONU indiquent avec
moult preuves que Compaoré a continué à jouer
ce rôle de grand déstabilisateur régional en Côte
d'Ivoire, jusqu'à la guerre postélectorale qui a occasionné tant et tant de morts.

Mais Blaise Compaoré n'est inquiété ni par le TSSL,
ni par la Cour pénale internationale.

Même le Conseil de sécurité de l'ONU, constatant
qu'il était le principal fournisseur des rebelles ivoiriens en engins de mort, en dépit d'un embargo voté
en 2004, s'est interdit d'évoquer même en termes in-
directs un élargissement de cet embargo à son pays.

Pour la justice internationale, pour la communauté
internationale, un voleur de poules n'est décidément

pas égal à un autre voleur de poules. En ex-Yougos-
lavie, au Rwanda, en Sierra Leone, sur les dossiers
congolais, centrafricain et ivoirien, les juridictions
internationales cornaquées par l'Occident montrent
qu'elles ne sont rien d'autre que des tribunaux de
vainqueurs instrumentalisant le droit au nom d'agen-
das politiques transparents.

Alassane Ouattara ne sera jamais traduit devant les
juridictions internationales telles qu'elles se présen-
tent aujourd'hui. Tout simplement parce que s'il est
prouvé qu'il est coupable de crimes contre l'humanité dans le cadre de la crise ivoirienne, il est prouvé,
par une transitivité presque parfaite, que Jacques
Chirac, Nicolas Sarkozy et un certain nombre de di-
gnitaires onusiens, sont eux aussi coupables.
Au bas mot coupables de complicité de crimes
contre l'humanité. Il est impossible de dissocier une
partie de ce qu'on appelle « la communauté internationale » de l'aventure politique meurtrière qui va de
la rébellion de 2002 à la guerre postélectorale de 2011
en Côte d'Ivoire.
La jurisprudence Charles Taylor tend à indiquer
que le fait de profiter financièrement d'une rébellion
criminelle est condamnable et passible d'une comparution devant un tribunal international.
Dans une enquête jamais démentie, publiée le 5 octobre 2005 et enrichie le 25 août 2006, dont certains
aspects ont été repris par l'ONG Global Witness, en

pointe sur les dossiers relatifs au financement des guerres, le quotidien *Le Courrier d'Abidjan* a explicité le mode opératoire de la contrebande de « cacao de la guerre » dans les zones occupées par la rébellion pro-Ouattara.

Les acteurs locaux de cette contrebande sont connus. Il s'agit de Koné Zakaria, ex-chef de guerre de la zone de Vavoua, bombardé patron de la « police des polices » par Alassane Ouattara, et d'Adama Bictogo, promu ministre de l'Intégration africaine après la prise de pouvoir du président du Rassemblement des républicains (RDR).

Mais peu de personnes savent que l'exportation d'une grande partie de ces « fèves du sang » était l'affaire de la société SOEXIMEX, détenue par une famille Dagher-Hayek (qui n'a rien à voir avec la famille Dagher de Côte d'Ivoire), dont les bureaux en France se trouvaient alors au 31/33 rue Pleyel à Saint-Denis. Encore moins de personnes savent que le volet logistique de cette contrebande était assuré par SDV, l'armateur détenu par la multinationale française Bolloré – pourtant officiellement dans les bonnes grâces de l'administration Gbagbo à Abidjan –, liée par contrat d'exclusivité à SOEXIMEX.

SDV acheminait les « fèves de la guerre » sur les marchés européens. Ces opérations complexes étaient montées avec des financements provenant des banques françaises Crédit lyonnais, Société générale et Natexis.

Si on pouvait arguer que les banques qui ont financé cette activité illégale étaient privées, nous avions à l'époque été ahuris de constater que la police d'assurance « *risques politiques* » était prise en charge par la Caisse centrale de Réassurance (CCR), entreprise détenue par l'Etat français, qui « *se distingue de ses concurrents en proposant, avec la garantie de l'Etat, des couvertures illimitées pour des branches spécifiques telles que les catastrophes naturelles en France et les risques de guerre (60 % de son chiffre d'affaires)* », selon son site Internet.

La participation directe de l'Etat français à une activité de contrebande et de pillage de guerre saute aux yeux. En octobre 2004, le rapport de la Commission d'enquête de l'ONU était catégorique sur le caractère illégal et immoral de ce type d'activité.

« *Il est un fait constant et indéniable que la prospérité qu'avait connue la Côte d'Ivoire a pu aussi bénéficier à tous les autres pays de la sous-région. De même, depuis le déclenchement de la crise en Côte d'Ivoire, des biens tels que des voitures, des marchandises et d'autres produits fabriqués dans ce pays circulent dans les pays voisins. C'est le cas du café et même du cacao dont certains pays limitrophes tels que le Burkina Faso seraient devenus exportateurs (...) Les pays limitrophes qui, soit ne découragent pas, soit s'abstiennent de sanctionner tous ceux qui participent au commerce illicite des biens souvent volés ou acquis en violation des lois et règlements, devraient être considérés comme des complices. (...) La Commission estime que tous les pays ainsi que toutes les personnes qui participent aux actes de pillages ou de recels de produits ivoiriens, devraient porter une part de responsabilité car il y a là une activité illicite et criminelle qui devrait être découragée »*, affirmait-il très clairement.

Plus récemment, *Le Canard Enchaîné*, dans son édition du 7 avril 2011, rapportait le fruit de ses enquêtes sur le financement de l'offensive de Ouattara lancée sur Abidjan notamment sur l'achat d'armes flambant neuves dans un contexte d'embargo.

*« Selon des témoignages et des documents obtenus par Le Canard, des proches de Ouattara ont monnayé, en 2009 et 2010, d'importantes quantités d'or extraites des mines du Nord. Plusieurs tonnes ont été acheminées au Ghana voisin sous couvert de véhicules de... l'ONU. Puis envoyées, par petites quantités, à Anvers (Belgique) pour y être transformées. »*

L'ONU complice de trafic d'or en relation avec un mouvement rebelle dont les mouvements financiers illicites sont traqués à grands frais par les experts payés par la « Maison de Verre » de New York ? Oui, oui, oui...

Combien ces ventes d'or ont-elles pu rapporter au

clan Ouattara ? *Le Canard* ne le dit pas mais précise qu'à « *l'état de poudre, cet or a été négocié à plus de 15 000 euros le kilo* ».

Dans le même article, *Le Canard Enchaîné* révèle : « *Selon plusieurs témoignages d'officiers supérieurs au « Canard », la France a appuyé la conquête du sud du pays par les forces de Ouattara. L'un d'eux, proche de l'Elysée, se félicite de « notre efficacité dans l'organisation de la descente sur Abidjan. »* [...] *Un autre galonné, membre des services de renseignements, confie : « On a fourni des conseils tactiques aux FRCI », mais aussi « des munitions et des Famas (fusils d'assaut). De son côté, le contingent militaire français est porté, le 4 avril, à 1 700 hommes. Les 900 hommes du dispositif permanent Licorne ont été notamment renforcés par des Rambo de la Direction des opérations (ex-Service action) de la DGSE et des Forces spéciales.*
*Quelques-uns, parmi ces derniers, se sont retrouvés en contact direct avec l'entourage de Ouattara. A 19h30, quatre hélicos PUMA, soutenus par des MI 24 de l'ONUCI, commencent leur pilonnage, frappant au passage des objectifs aussi stratégiques que le CHU et un supermarché du quartier de Cocody. Pour la seconde fois en sept ans, « l'ancienne puissance coloniale » bombardait des soldats et des populations ivoiriennes.* »
Dans quelle mesure une « communauté internatio-

nale » qui s'est investie stratégiquement, militairement, diplomatiquement et financièrement pendant
près de dix ans pour faire tomber un régime et le
remplacer par ses alliés peut-elle au final ruiner ses
efforts en conduisant, par rectitude morale, le diri-
geant qu'elle a installé au pouvoir devant une juridiction internationale pour des crimes dont elle a
été, au moins, complice, en raison de l'encadrem
ent tactique apporté à la chaîne de commandement des massacreurs, et d'une fourniture en arm-
ements qui place des pays comme la France et les
Etats-Unis dans le même rôle que celui du Liberia
de Charles Taylor en Sierra Leone ?

L'immensité de cette complicité criminelle est dé-
crite par la journaliste française Leslie Varenne dans
son livre *Abobo la Guerre – La Côte d'Ivoire, terrain
de jeu de la France et de l'ONU* : « *Selon plusieurs
sources au sein de l'Onuci, entre la fin du mois de
décembre 2010 et le début de janvier 2011, une cinquantaine d'instructeurs français et un général américain se sont réunis à l'hôtel Sebroko.*
*Le général arrive dans une grosse berline aux
vitres teintées, ornée du drapeau américain, accom-
pagné de l'ambassadeur des Etats-Unis, Philip Car-
ter III. Dans le QG de l'ONU, Français et Américains
planifient une opération top secret portant le nom de
code « Restore Peace and Democracy » (...) Le but
de l'opération est d'aider Alassane Ouattara à éjecter*

militairement Laurent Gbagbo de son fauteuil présidentiel. Le 20 janvier 2011, les premiers bruits de
bottes résonnent en Côte d'Ivoire.

Par ailleurs, selon La Lettre du Continent, l'Onuci
construit une grande plate-forme logistique et militaire. Des vols quotidiens effectuent des rotations
entre Entebbe, en Ouganda, base des opérations
de l'Onu en Afrique, et la capitale des rebelles de
Guillaume Soro. (...)

De vastes mouvements de troupes s'opèrent à
Bouaké, la force Licorne est de retour dans cette
ville. Des instructeurs français sont également pré-
sents dans le fief des rebelles. Le président Ouattara
ne cache pas ces préparatifs militaires (...)

Alassane Ouattara reconnaît implicitement violer l'embargo sur les armes. Et l'ONU, présente à
Bouaké, ne peut l'ignorer ! (...) Pour se constituer
une force, Alassane Ouattara et Guillaume Soro sont
donc obligés de ratisser large.

La création de cette armée est un autre point cru-
cial de l'histoire de la Côte d'Ivoire. Elle aura des
conséquences incalculables sur la suite des événe-
ments et sur l'avenir du pays. Selon un militaire ivoirien, « ceux qui se sont enrôlés sont des Maliens, des
Sénégalais, des Nigérians et des Burkinabés de Côte
d'Ivoire » (...)

La grande majorité sont des gamins désoeuvrés,
d'autres ont des petits métiers, cordonniers, tail-
leurs, etc. Les 20% restants sont des militaires bur-

Alassane Ouattara ne sera pas jugé par la Cour pénale internationale dans sa forme actuelle parce que
ses alliés internationaux n'y ont pas intérêt et que
l'institution judiciaire, déjà en difficulté financière, ne
survivrait pas si deux ou trois d'entre ses bailleurs de
fonds punissaient d'éventuelles velléités d'indépen-
dance en fermant le robinet des subventions. Mais
qui sont donc ses principaux bienfaiteurs ?

*« La CPI publie peu d'informations sur ses res-
sources et celles qui sont rendues publiques sont
parcellaires. Ce que l'on peut lire en filigrane, c'est
que, financièrement, la CPI est dépendante des principaux pays contributeurs soit l'Allemagne, le Ca-
nada, la France, le Japon et la Grande-Bretagne qui
représentent plus de 50% de son budget qui trustent
par ailleurs les postes d'administrateurs de l'institu-*

*tion (avec les Etats-Unis – qui n'ont pas encore ratifié le traité !). La CPI peut aussi recevoir des largesses de donateurs privés, individus ou bien sociétés, ce qu'elle ne s'est pas privée de faire. La CPI a reçu le soutien de la Coalition for International Justice, organisation maintenant dissoute, qui était financée par Georges Soros, le multimilliardaire américain »*, écrivait ainsi A. Atchadé dans une chronique publiée par le quotidien ivoirien *Le Nouveau Courrier*.

Un George Soros qui est le plus gros donateur de Human Rights Watch, principale fournisseur de « preuves » à Louis Moreno-Ocampo dans la procédure ivoirienne et ne cache pas qu'il a appuyé financièrement la campagne d'Alassane Ouattara lors de la dernière élection présidentielle.

Qui imagine une seconde qu'une juridiction européenne ou américaine soit, par exemple, financée par des entreprises privées, et continue d'être considérée comme sérieuse ?

Dans les systèmes démocratiques, la justice est rendue « au nom du peuple », et c'est au final le peuple qui surveille les pouvoirs exécutif, législatif et judiciaire, en disposant pour cela de véritables outils de punition ou de récompense.

Qui surveille sérieusement l'institution désincarnée qu'est la CPI ? En dehors des puissances qui la financent, qui peut la contraindre ?

Personne.

La place d'Alassane Ouattara est devant un juge.

Pour que la sombre jurisprudence de son mode d'accession au pouvoir, brutal et amoral, ne s'impose pas.

Pour que le crime cesse de payer, et que les ingérences sanglantes des puissances étrangères pour qui les vies africaines ne sont que des paramètres parmi d'autres dans le cadre de leurs politiques d'influence soient démasquées et condamnées.

La place d'Alassane Ouattara est devant un juge, mais la justice internationale ne le jugera pas.

Il devient donc impératif qu'il quitte le pouvoir.

Vivant.

Pour être traduit devant une juridiction ivoirienne ou africaine.

Et pour qu'il réponde des actes commis en son nom devant les victimes de son aventure politique ambiguë.

# Table des matières

© 2012, Kouamouo
Edition : BoD - Books on Demand
12/14 rond-point des Champs Elysées
75008 Paris
Imprimé par BoD - Books on Demand GmbH,
Norderstedt, Allemagne
ISBN : 9782810625246
Dépôt légal : Septembre 2012